CW01210777

J. Margarita Otero Solloso
José Tadeo Tápanes Zerquera

FRENTE A FRENTE
Diálogos en Sonetos

Colección Marotsy

FRENTE A FRENTE-Colección Marotsy

© de los poemas, José Tadeo Tápanes Zerquera, 2019
© de los poemas, J. Margarita Otero Solloso, 2019
© del prólogo, Javier de la Rosa, 2019
© del 2º prólogo, Antonio Cerpa, 2019
© del 3º prólogo, Esteban Rodríguez, 2019
© del epílogo, Manuel Díaz Martínez, 2019
© de la edición, Marotsy.

Primera Edición, Septiembre 2019 por Beginbook
Segunda edición, Mayo 2023 por Marotsy

Maquetación: J. Margarita Otero Solloso
Ilustración de la portada: J. Margarita Otero Solloso
Fotografía de Marotsy: José Luis García Padrón
Revisora de estilo y corrección de textos: J. Margarita Otero Solloso

ISBN: 979-8393566692

Reservados todos los derechos. El contenido de esta obra está protegido por la ley. Queda rigurosamente prohibida, bajo las sanciones establecidas en las leyes, la reproducción total o parcial de esta obra por cualquier medio o procedimiento, incluidos la reprografía o el tratamiento informático, así como la distribución de ejemplares mediante alquiler o préstamo público sin la autorización escrita de los titulares del copyright. All Rights Reserved.

FRENTE A FRENTE

*A Margarita que inspiró mi pluma, a los pueblos canario, gallego y cubano y su magia de hermandad.
A todos los amantes de la poesía.
Tadeo.*

*A Tadeo que lo hizo posible, a mi hermano Manuel donde quiera que esté, y al amor de mi vida,
que junto al cielo lo inspiraron.
Marotsy.*

PRÓLOGO

Frente a Frente

Frente a frente, en el amor de la brisa que abraza y alienta el curso de la aurora en los sonetos de dos poetas que cabalgan ensimismados, ofreciendo la imagen de la imagen de las manos en saludos a la esperanza, al amar entre los destinos. La mujer y el hombre en cada paso, en el consejo de la vida, y siempre el amor y más allá en el Paraíso de Milton que acuerda colocar al hombre y a la mujer en un amor contemplativo sin interpelación a la palabra del ser amante. Absortos aconsejan los dos poetas en la comprensión y aprehensión del devenir de la vida, en el tiempo que escruta nuestro tiempo y lo asesina. Los dos poetas de Frente a Frente caminando a la orilla de la playa del destino, en el horizonte de las lunas de un consejo que se dio una noche.

Frente a frente; Marotsy y Tadeo en los paladares de las mariposas reventando primaveras, acunando al niño dorado de la errante estrella del nocturno eterno de los poetas.

__Javier de la Rosa__
Poeta

Voyeurs de un dueto

Marotsy y Tadeo, Tadeo y Marotsy, nos convierten en privilegiados voyeurs de la palabra hecha arte, de la poesía al servicio de lo sublime del pensamiento y la acción, en un diálogo sin precedentes donde lo cotidiano da paso a lo filosófico, lo mundano se codea con lo espiritual y lo llano se refina hasta convertirse en puro poema. Diálogos de mentes privilegiadas donde los versos se usan como arma y herramienta para trascender con belleza a mensajes plenamente comprensibles, invitándonos a disfrutar del encanto de los diálogos, a la vez que se nos apura a tomar partido, casi inconsciente, hacia uno u otro de los dialogantes. La balanza de la razón se inclina a un lado o a otro mientras toma turno cada ponente. No es un duelo, solo un dueto; un dueto de razones, pensamientos, incógnitas y respuestas; arte y pasión que se relevan uno a otro hasta atraparnos en una lectura ágil y ligera a pesar del peso y contenido que se esconden tras los versos de dos artistas de la rima que han sabido aunar y compaginar su talento en una obra de pocas comparaciones.

Nosotros, afortunados testigos de semejante conversación, aprendiendo de sus reflexiones, disfrutando de su talento como comunicadores y artistas, queriendo casi opinar, intentando tomar partido en sus argumentos, pero con el pleno disfrute de quedarnos simplemente en eso… ser *voyeurs* de la grandeza de la poesía de este dueto.

Antonio Cerpa
Pintor y Escritor

Al trasluz

Jugar al desnudo con pudor aparente. Despertar tras cada réplica, y ronronear como gatos enamorados. Sentir el brillo de los ojos tras el parpadeo que produce la embestida de un contrincante que no se amilana. Franquear las líneas sin invadir el espacio para eyacular tinta imaginada sobre la pantalla. Mientras, los gemidos del teclado anuncian la dicha, la alegría contenida durante el invierno en el averno de la mente condicionada.

Él y ella, ella y él, a la par sin tregua ni trueque condicionado, libres en la saciante pugna poética; entre la diáspora de las palabras y la efeméride del encuentro etimológico; en el festín que la noche evoca, provoca y fecunda, hasta saciar el soneto perfecto que como arma letal asesina la desidia, margina la tristeza y reduce a cenizas las horas de hastío.

Marotsy y Tadeo se desencuentran para encontrarse en cada poema ante un nuevo dilema moral que solventan con el maravilloso veneno de la libertad y el recomendable antídoto del respeto que ambos manejan con precisa destreza.

Tadeo
Qué bien, mi corazón, qué bien sería
si amantes por la vida, fe y conciencia
irían y la Iglesia con la Ciencia
buscarán entenderse cada día.

Marotsy
No tiene que haber choques si hay respeto,
que cada cual invoque a quien prefiera,
viviendo todo hombre a su manera
tan solo al fanatismo pongo veto.

Ciencia y espíritu, pragmatismo y fe van creando simetría de ondas generando olas dispares que impulsan la navegación por este alquímico río de palabras que transmuta en un intenso diálogo en sonetos. Sin lugar a dudas y con todas las que le puedan surgir a un avispado lector, estamos ante una sinfonía armónica, donde ciencia y espiritualidad quedan aderezadas con notas de humor y la clave: el amor que ilumina y hace posible este bello proyecto literario.

Esteban Rodríguez (Erg)
Escritor y Comunicador

FRENTE A FRENTE

Hoy me alcé de mi lecho diferente,
despertando de un sueño que he vivido;
tomar otro camino he decidido
tras mirarme al espejo frente a frente.

Huiré de esa calle desolada,
en donde he deambulado sin hallarte,
dejaré de seguirte y de buscarte
en esa senda oscura y enturbiada.

Hoy he visto la luz de mi mirada,
y no vi tu reflejo, sino el mío,
y sentí como nunca mi extravío

al confiarte mi amor ilusionada
y creer que iba a llenarme tu vacío;
¡Vano intento de un alma enamorada!

Marotsy

VANO INTENTO DEL ALMA, VANO INTENTO

Vano intento del alma, vano intento
de subir a los cielos asustada
y hoy buscaste y no viste en tu mirada
más que un eco desordenando el viento.

Echaste al fin a andar y el movimiento
vuelve a hacerte mujer ilusionada.
No mires hacia atrás, que no hay más nada
que la estatua de sal de tu lamento.

No mires hacia atrás, como veía
el ojo que al mirar se quedó ciego.
No mires hacia atrás que es fantasía,

sus lágrimas fantasmas y su ruego.
El alma es una piedra que se enfría
aunque lata un volcán allá en tu fuego.

Tadeo

AUNQUE LATA UN VOLCÁN

Aunque lata un volcán lleno de fuego
que no apagan mis lágrimas benditas,
no dejaré morir las margaritas
por falta de su amor y de su riego.

No miraré hacia atrás, porque no siento
en sus hechos pasión, y eso me duele,
y no observo un detalle que revele
que sea realidad su sentimiento.

Mas mi alma nunca es piedra que se enfría,
no dejaré que en roca se convierta,
mantiene la esperanza, aunque no acierta

y busca en su interior sabiduría.
Y te diré también que es cosa cierta
que siempre me gustó la fantasía.

Marotsy

HAS HABLADO LAS LENGUAS QUE HABLA EL FUEGO

Has hablado las lenguas que habla el fuego
y a pesar de silente ser tu grito,
me siento como un santo, uno maldito,
jugando con mis versos a este juego.

Cien llamas veo en tu ser, a ellas me entrego,
cien sombras hay en mí pues voy proscrito,
el corazón del alma me lo quito
y en tus manos latir lo siento luego.

Morir, hice morir entre mis manos
una vez una flor, la más bonita,
buscando de los dioses los arcanos,

a pesar de ser flor mi favorita.
Por eso, por favor, por sueños vanos
no te mueras de nuevo, Margarita.

Tadeo

MUCHOS TIPOS DE LLAMAS

Muchos tipos de llamas siente el alma
y a veces por la boca las exhala,
y otras es la pluma como un ala
quien la eleva del fuego y le da calma.

Las sombras con la luz se desvanecen,
y en mi ser brilla el sol del mediodía,
que arde si en el cielo busca guía
y mengua con las nubes que aparecen.

Y si he muerto, yo ahora resucito,
no iré en pos de mentira o sueños vanos,
verdad es lo que buscan hoy mis manos,

amor certero es lo que necesito.
Si no te queda claro en este escrito,
tampoco verás nada en los arcanos.

Marotsy

ES CIERTO, NO HE DE HALLAR EN LOS ARCANOS

Es cierto, no he de hallar en los arcanos
más lumbre que en tu verso y en tu prosa,
entonces que tu noche tenebrosa
se vuelva una paloma entre tus manos.

Constante renacer de los humanos
que mueren, y de forma milagrosa
renacen desde el fondo de su fosa
más fuertes, más hermosos y más sanos.

Y yo que deshojé una margarita
tirando de sus pétalos de nieve,
hoy siento que algo en ti de más se agita

al ritmo de este son que en mí se mueve
y luces más radiante y más bonita
como aquél que a vivir por fin se atreve.

Tadeo

UNA PALOMA

Una paloma en estas letras vuela,
sin rumbo en la noche se ha elevado
ya no quiere mirar hacia el pasado,
hacia el futuro avanza, aunque le duela.

Y con sus alas que hoy ha desplegado,
se enfrenta a las corrientes de un mal viento,
buscando entre estas rimas el aliento,
que el amor de su alma le ha negado.

Hoy me atrevo a vivir a un son de ensueño,
renazco en esta hermosa melodía;
es parte de mi ser y pongo empeño

en versos de dolor o de alegría.
Y si me pierdo un día en algún sueño,
tú siempre me hallarás en la Poesía.

Marotsy

HALLARTE QUISE AYER, MAS HOY TE HE HALLADO

Hallarte quise ayer, mas hoy te he hallado
lo mismo que en mi sueño el sol se asoma,
y cruza nuble blanca una paloma
dejando dulce estela en lo soñado.

Hallarte quise ayer, desesperado,
hablando con la muerte el mismo idioma,
la muerte se notaba en cada coma
de tu verso ayer muerto y sepultado.

Mas hoy tu verso es luz, al cielo vuela,
tu vida, un campo santo luminoso
y dulce el crepitar de su candela.

Y en medio de tu fuego poderoso
me empiezo a derretir como una vela
sin ser yo ni tu amante ni tu esposo.

Tadeo

CHARLANDO CON LA MUERTE

Me encontraste charlando con la muerte,
reclamándole un alma que se ha ido.
Sin encontrar sentido a lo vivido,
me ha dejado llorando y a mi suerte.

Y las llaves del Hades le he pedido,
y a Orfeo he rogado que lo llame,
y dicen que por mucho que lo ame,
no pueden atender a lo exigido.

Y así penando sola en el averno,
yacía una flor casi deshojada
temiendo se acercase el frío invierno.

Fue a mi alma tu verso un brote tierno,
un bálsamo a mi planta desolada
que abonaste con mucho amor fraterno.

Marotsy

LA MUERTE VINO RAUDA A TU DESEO

La muerte vino rauda a tu deseo
y siendo tan veloz la dama oscura
un lazo te lancé de mi ternura
lo mismo que hizo Ariadna con Teseo.

Y en medio de tu tímido aleteo
hiciste que otra vez literatura
brotara como un chorro de agua pura
que es este manantial donde te leo.

Y como del Infierno yo entro y salgo
pues tengo ya amistad con los difuntos,
a lomos de Babieca ya cabalgo

y a la muerte le dejo aquí mis puntos:
si te viene a buscar que diga algo
al menos, y nos vamos todos juntos.

Tadeo

UN CHORRO DE AGUA PURA

Un chorro de agua pura es para el alma,
una fuente de luz y de dulzura,
que va limpiando toda la amargura,
y serena mi ser y me da calma.

Eso hace en mi interior la Poesía,
capaz es de alejar hasta la muerte,
logrando que mi ánima despierte
y mi mano le rinda pleitesía.

Así que gracias doy amigo mío,
por este don que se nos ha otorgado
de poder escribir con albedrío,

en verso, cualquier sueño hoy anhelado.
Yo quisiera dejar en este río
de las letras que escribo mi legado.

Marotsy

QUE SEA TU DECIR, TU DECIR SEA

Que sea tu decir, tu decir sea
cual perfume a la flor, cual la fragancia
que exhalas sin saber, sin importancia,
sin empeño ponerle a tu tarea.

Si ves que él tu presencia la desea
y te sueña a pesar de la distancia,
en pérdida no pienses ni en ganancia
ni en cosas que el humano se plantea.

Como el barco dejando va su estela
sin saber que la estela (sal y espuma)
al mar lo hace ilusión que salta y vuela,

usted de su palabra no presuma
que sólo la humildad se vuelve escuela
y a veces el silencio es lo que suma.

Tadeo

NO ES VANIDAD

No es vanidad agradecer al cielo
los dones con que fuimos bendecidos,
si es el amor quien dicta a los oídos,
y los usamos para dar consuelo.

No juzgues mal, por tanto, te lo ruego,
las palabras que hoy salen de mi mente,
que a todos las reparto dulcemente
y sé que nada soy; no inflan el ego.

Si algún alma me escucha y se emociona,
si yo hiciera feliz a un ser siquiera,
mejor premio te juro no quisiera,

ni a ningún otro honor mayor aspiro.
Solo mi pecho se hincha si respiro
la ilusión de quien lee y se apasiona.

Marotsy

SI TE HE JUZGADO MAL, PERDÓN TE PIDO

Si te he juzgado mal, perdón te pido,
si has visto de repente que este isleño
te ha dado en la cabeza con un leño
no le des ni importancia ni sentido.

Comprende que una vez quien te ha querido
con dulce corazón y noble empeño
no te puede hacer mal pues no es pequeño
el espacio en el alma compartido.

Así que, como dijo ya Sor Juana,
o fue Juan de la Cruz, o fue Teresa,
brindemos por la paz esta mañana,

que el sol a su lugar de nuevo ingresa,
el cuerpo del amor herido sana
y lo que ayer pesaba hoy ya no pesa.

Tadeo

EL SOL BRILLA DE NUEVO

El sol brilla de nuevo entre las nubes,
sus rayos acarician dulcemente,
tu paz llegó a mi alma y a mi mente,
y espero que rencor jamás incubes.

Para quien ama nada es imposible,
decía Sor Teresa de Jesús,
y hay quien lleno de excusas y tabús
actúa de manera incomprensible.

Y tengo el corazón ya muy sensible,
cansado de latir acongojado
por una situación insostenible,

y por cientos de balas traspasado.
Y es un dolor del todo indefinible
el que siente mi ser decepcionado.

Marotsy

YO MIRO TU DOLOR, TU TRISTE ESTADO

Yo miro tu dolor, tu triste estado,
la llama que te quema lentamente,
y arder, te miro arder desde el presente
lo mismo que a un Jesús crucificado.

Si no puedes mirar para otro lado
ni en paz hacer dormir tu hermosa frente,
al menos date el gusto de en la mente
poner algún recuerdo del pasado.

Que yo voy por la vida ensimismado
dejando que se pose en mi inconsciente
con cuerpo de mujer un diablo alado.

Y allí donde importante no hay ni urgente
me tumbo a descansar y de repente
por fin me siento en paz y muy amado.

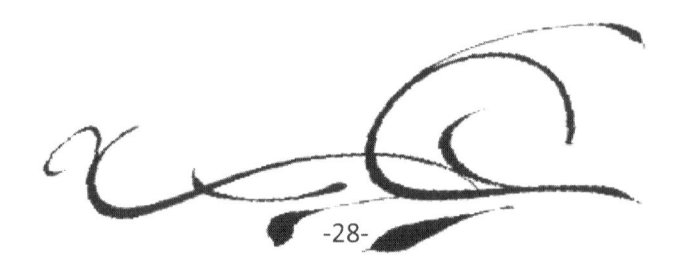

Tadeo

LA LLAMA QUE ME QUEMA

La llama que me quema lentamente
es la ausencia de quienes tanto añoro,
y con frecuencia al cielo yo le imploro
que calme este dolor tan contundente.

Desgarra a cada paso mis entrañas,
retuerce cual serpiente en lo más hondo
sin encontrar la luz en su trasfondo
se riegan a menudo mis pestañas.

Y dicen que ese fuego purifica
y explican que sufrir es necesario,
mas siento que mi alma ya claudica

en este érebo en el que me hundo a diario
y a quien puede calmarlo le suplica
aparte ya mi ser de este calvario.

Marotsy

SUFRIR NO HA SIDO NUNCA NECESARIO

Sufrir no ha sido nunca necesario
no es bueno, no es de Dios, no es deseable,
el dolor siempre ha sido inevitable
pero el cruel sufrimiento es lo contrario.

La vida duele siempre y a diario,
es bueno en cuerpo y alma, que nos hable
así que más que un mal, aunque incurable,
es bien, que hace un trabajo extraordinario.

El cuerpo cuando duele nos avisa
de que algo hacemos mal, y su advertencia
nos hace reaccionar a toda prisa,

nos hace nuevamente hacer consciencia,
así que has de tenerlo por divisa
pues fruto es de los dioses y su ciencia.

Tadeo

YO NO ELIJO SUFRIR

Yo no elijo sufrir, te lo aseguro,
mas la herida yo cierro y se reabre,
haciendo que mi ser se descalabre
y supure aún aquello que yo curo.

Y quiero ya sanar y, te lo juro,
hallar paz en mi alma y en mi mente,
pero el dolor acucia persistente
tornando mi color en gris oscuro.

Si empiezo a sonreír y ver la luz,
algo ocurre que me hiere en lo profundo;
mi espíritu se queda a contraluz,

y mi cuerpo solicita huir del mundo;
mi corazón se siente moribundo,
incapaz de seguir con esta cruz.

Marotsy

UNA CRUZ Y OTRA CRUZ SON TU CALVARIO

Una cruz y otra cruz son tu calvario
y un Gólgota son tres con calavera,
cada cual va muriendo a su manera
o muere nada más lo necesario.

Si te quieres morir o lo contrario
invítame también a que yo muera,
así será mi muerte placentera
por mucho que parezca temerario.

Pirata de tu muerte o tu corsario,
grumete de la Estigia y a tu vera
como velo de amores tu sudario

febril levantaré, y en la ribera
pondré yo nueva luz en nuestro osario,
lo quiera Lucifer o no lo quiera.

Tadeo

A DIOS INVOCO

Muriendo vamos todos poco a poco,
nuestra tez va mostrando el triste paso
del tiempo que apuramos en el vaso
amargo, pues resulta un cóctel loco.

Y dime si es verdad o me equivoco
o sientes que quizás me contradigo,
si mejor que morir aquí conmigo,
al Dios que me dio vida yo lo invoco,

para apartar de mi tanta tristeza;
pues si El del Gólgota logró salir
y de la muerte pudo resurgir

confío sin duda en la realeza,
de aquel que te otorgó tanta nobleza,
de acompañarme presto hasta a morir.

Marotsy

LA MUERTE NO ES VERDAD, DIJO UN POETA

La muerte no es verdad, dijo un poeta
entregado a la muerte necesaria,
si se ha cumplido bien con la diaria
tarea que nos lleva a nuestra meta.

Y haciendo mío el verso y la receta
a Dios estoy lanzando una plegaria
para hacer de tu vida luminaria
que inunde con su luz este planeta.

Tendrá que florecer lo que está muerto,
tendrá que dar el campo nuevas flores
pues esto que te digo es grande y cierto:

del miedo han de nacer la mar de amores,
muy pronto encontrarás el Cielo abierto,
así que ten paciencia y ya no llores.

Tadeo

NUESTROS HECHOS PERVIVEN

Nuestros hechos perviven tras la muerte
si se opina que son extraordinarios;
se inmortaliza a los humanitarios
y a algún que otro ser que corre suerte,

cuya labor o esfuerzo nos advierte.
El resto de mortales nos marchamos
y sin pena ni gloria abandonamos
este mundo que duele o nos divierte.

Paciencia tengo mucha, no lo dudes,
y la ponen a prueba cada día,
aunque a veces toda alma se desvía

y se aleja de paz y de virtudes.
Tu esperanza da calma y alegría
entre tantos problemas e inquietudes.

Marotsy

PASAR SIN DEJAR HUELLAS POR LA VIDA

Pasar sin dejar huellas por la vida
algunos creen virtud, y yo lo creo
en parte, pues matar en ti el deseo
convierte tu existencia en más fluida.

Los monjes tibetanos ven cumplida
la tesis de algún dios Indoeuropeo
que alcanzó su esplendor y su apogeo
en tiempos que ahora mismo Dios olvida.

Sin saber que pasaste, si ahora pasas
cruzando el aguacero de puntillas,
de tus huellas dejando muy escasas

referencias, si poca cosa brillas,
el Cielo alcanzarás de las escasas
derrotas y las almas más sencillas.

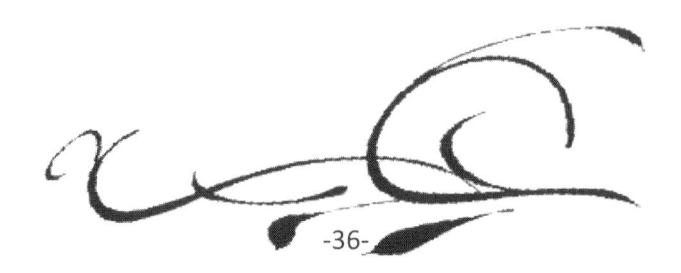

Tadeo

BRILLEMOS

Tú ya has dejado huella con tus versos,
al menos en mi leso corazón;
no veo mal alguno en la creación
ni en el legar saber o artes diversos.

Ejemplo dio el Maestro de maestros
que con sus enseñanzas cambió el mundo:
que brillemos nos dijo muy rotundo
y que en mostrar su luz seamos diestros.

Ya sé que la humildad es necesaria...
para servir se dieron nuestros dones;
me consta que tú a ello no te opones.

Que sean nuestros hechos luminaria,
llenemos con Poesía las naciones,
y esta isla que yo adoro: Gran Canaria.

Marotsy

ALLÁ EN TU BENDECIDA GRAN CANARIA

Allá en tu bendecida Gran Canaria
o allá en Fuerteventura, en Lanzarote,
tu imagen sobre el agua sale a flote
como el eco sutil de una plegaria.

Viviendo yo en distinta franja horaria,
El Hierro y Tenerife son quimera,
lo mismo que La Palma y la Gomera
aun siendo tu presencia necesaria.

Sin estar en el pueblo de Frontera,
te miro como a un faro en la distancia
y tu luz misteriosa y hechicera

en tarro va volviendo de abundancia
mi vida miserable y lastimera,
lo mismo que de diosas tu fragancia.

Tadeo

ISLAS CANARIAS

Son estas islas mi patria adoptiva,
con ocho corazones y un latido
que desde el hondo mar han emergido
y palpitan en mí, sin ser nativa.

Son de ensueño sus costas y montañas,
sus paisajes, sus playas y su clima,
su bello sol eterno y su calima,
y ese fuego vital de sus entrañas.

A disfrutarlas todas yo te invito,
que juntos les marquemos nuestras huellas,
y que vueles y navegues entre ellas

observando ese mar tan infinito.
Y puedas percibir que no es un mito
que su belleza iguala a las estrellas.

Marotsy

BELLEZAS, SON BELLEZAS TODAS ELLAS

Bellezas, son bellezas todas ellas
y también sabe Dios será belleza
la idea que hoy existe en tu cabeza
de que deje en sus costas yo mis huellas.

Ojalá que se agrupen las estrellas
haciendo que el destino que hoy empieza
permita que tú y yo y naturaleza
canaria me haga ver sus cosas bellas.

Es esa mi ilusión, pero mi pecho
no sabe, por lo angosto del camino
si flotan en el mar de mi destino,

si tendré yo a esas islas el derecho
de verlas como tantos ya lo han hecho
por la gracia de Dios y lo divino.

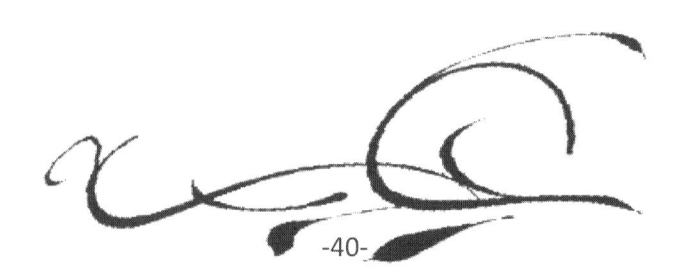

Tadeo

NO HAY DESTINO

El destino lo forjan hoy tus pasos,
tus hechos, tu pasión, tus decisiones,
tu trabajo, tu amor, tus emociones,
tus éxitos e incluso tus fracasos.

No somos marionetas sin recursos
en los dedos de dioses displicentes,
somos seres osados y valientes
y la acción es mejor que los discursos.

Y bien puedes, si quieres, proponerte
escoger cualquier meta y conseguirla.
La vida se nos dio para vivirla;

no lo dejes en manos de la suerte
Verás cómo te sientes bendecido...:
de lo angosto saldrás fortalecido.

Marotsy

MIL VECES ME SENTÍ UNA MARIONETA

Mil veces me sentí una marioneta
de Dios o los Señores del Destino
que hicieron por lo angosto del camino
imposible llegar hasta la meta.

¿Quién es el que mis sienes las aprieta
tirando como rueda de molino?,
¿quién es el que me vuelve un asesino
del verso cuando en versos Dios me reta?

Si existe de los dioses la receta,
que arranquen de mi frente lo mezquino,
y dejen que jugando a ser poeta

de amor se manifieste lo divino
y venga la palabra a mí secreta,
sutil como el maná o el oro fino.

Tadeo

NO EXISTEN IMPOSIBLES

No existen imposibles si uno lucha
con toda la energía de su esencia,
y encamina sus pasos con paciencia
hacia sus metas, y si a Dios escucha.

Pues si pones tu empeño en alcanzarlas
y son nobles las causas que deseas,
el cielo te abre puertas si flaqueas
y podrás por seguro, así, lograrlas.

A Dios has de rogar y el mazo usar,
lo dicen refranero y escritura,
y es esta una verdad clara y segura

que has de poner a prueba sin dudar,
porque también Jesús nos lo asegura;
que si pides con fe se te ha de dar.

Marotsy

YO NO QUIERO PEDIR, PUES ME DA MIEDO

Yo no quiero pedir, pues me da miedo
que exceda la confianza mi pedido
y luego el pensamiento remitido
me cause tras la muerte algún enredo.

Por eso en mis plegarias me concedo
sólo un poco de paz, y aquí en mi nido
al habla con los dioses que se han ido
les quiero susurrar, pero no puedo.

¡Quién tuviera tus alas, Margarita!
quién tuviera tus alas, quién tuviera
tus alas para hacerle la visita

al Dios que siempre tienes a tu vera
renovando de amor tu fe marchita
y haciendo que tu canto no se muera.

Tadeo

TEMOR NO HAS DE TENER

Temor no has de tener al universo,
ni a la vida después, ni a dios alguno;
el miedo es sentimiento inoportuno
que bloquea tus alas y tu verso.

Lo mismo que contigo yo converso,
el cielo escucha al hombre y pedir puedes,
ninguna ley eterna tú transgredes,
ni en ningún lío te verás inmerso.

Los Dioses solo quieren que prosperes,
que aprendas con tus dones y talentos
que tu poder está en tus pensamientos.

Y ante lo angosto nunca desesperes,
mas bien recibirás lo que pidieres,
y fe renacerá entre tus lamentos.

Marotsy

DE LA MANO DE TETIS, DE ATENEA

De la mano de Tetis, de Atenea,
de Helena la de Troya, de Afrodita,
permite que a tus ojos me remita
en busca del Olimpo de la idea.

Si Zeus entre tus labios centellea,
y en quitarme esta suerte tan maldita
se empeña, y a mi cuerpo resucita
hará que a todas luces yo te crea.

Un túmulo tendrán las sanguinarias
tres diosas de la muerte aquí en mi pecho
y libre ya por fin, las milenarias

columnas del gran Hércules estrecho
me verán dirigirme hacia Canarias
a darte lo que es tuyo por derecho.

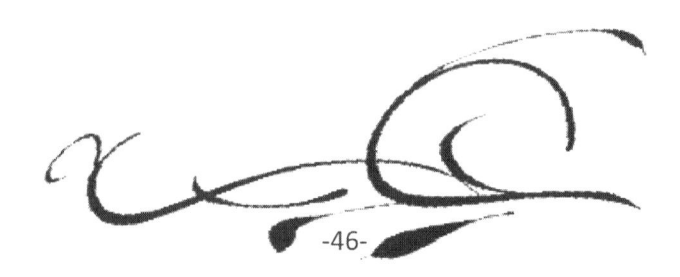

Tadeo

NO HABLABA DE ESOS DIOSES

No hablaba del Olimpo y de esos dioses
que griegos y romanos inventaron,
yo hablaba de uno a quien crucificaron,
que logra con su paz que en El reposes.

Y quizás si le sigues tú reboses
de la dicha que otorga por derecho,
y se quite la muerte de tu pecho,
pues El resucitó y es Dios de dioses.

Y dioses somos todos aprendiendo,
pues la divinidad suprema y clara,
dentro del interior está latiendo.

La vida es una escuela sorprendente,
que con cada experiencia nos prepara
para vivir después eternamente.

Marotsy

ME HAS HECHO TÚ ACORDARME DE LA CHINA

Me has hecho tú acordarme de la China
y de aquellos cristianos misioneros
que fueron cual pacíficos guerreros
a compartir el pan de su doctrina.

Se me pone la carne de gallina
pensando en San Ignacio y sus austeros
hermanos jesuitas, los pioneros,
llevando al Mandarín su luz divina.

Nadie podrá saber ni se imagina
la hazaña del que entrando en el abismo
asiático, a sus dioses ilumina

delante de Confucio y del Budismo
para hablar de la gesta y heroísmo
del Cristo de la cruz y de la espina.

Tadeo

MUCHOS HÉROES VEMOS EN LA HISTORIA

Muchos héroes vemos en la Historia
que dejaron su vida en el intento
de defender su fe o conocimiento
y aquello no les dio ninguna gloria.

Sobreviven ahora en la memoria
sus hechos o tal vez ese argumento
que dejaron sufriendo algún tormento
causado por vileza y por escoria.

Y en todos los países, temerarios,
valientes e inspirados corazones,
nos dieron gran ejemplo con acciones,

luchando sin temor contra adversarios,
venciendo con sus duras decisiones,
muriendo en viles manos de sicarios.

Marotsy

YA SÉ QUE LA EXISTENCIA ES TRANSITORIA

Ya sé que la existencia es transitoria
que todo es temporal, que sólo es cierto
que todo lo que vive estará muerto,
que todo lo presente será historia.

Por mucho que sea grande la victoria
del hombre o la mujer, por mucho acierto
que tenga, sólo polvo de desierto
quedará de su insigne trayectoria.

Salvarse en el amor de lo divino,
alguno te dirá que hoy es la meta,
que Dios es el principio y el destino,

que aquél al que a su dogma se someta
la gloria encontrará más que el poeta
siguiendo al buen pastor o al buen rabino.

Tadeo

LA MUERTE NO ES EL FIN

Los ciclos naturales observamos,
y aunque la muerte a todos nos espera,
tras invierno vendrá la primavera
y cual hojas quizás nos renovamos.

Muchos sabios científicos lo afirman,
y maestros en su filosofía,
que todo en esta vida es energía,
y estudios hoy también nos lo confirman.

Que no se trata aquí de algún sofismo:
la muerte es solo un paso hacia otra forma,
solo es culminación de un organismo.

Y así se manifiesta en el teísmo,
que de átomos el todo se conforma,
por tanto, no es el fin, solo transforma.

Marotsy

SEGURO ESTOY DEL CAMBIO, COMPAÑERA

Seguro estoy del cambio, compañera,
también del infinito movimiento
que lleva al universo al cien por ciento
de una esfera a otra esfera y a otra esfera.

Al otoño el invierno ya le espera
y si el frío que viene es un tormento,
dejemos que se extinga su momento,
pues verano vendrá tras primavera.

Infinito, inmortal, por siempre eterno,
es eso lo que soy, aunque en la vida
presente, algo se muera acá a lo interno,

y piense que no existe otra salida
y me vuelva un demonio en estampida
en busca de las puertas del Infierno.

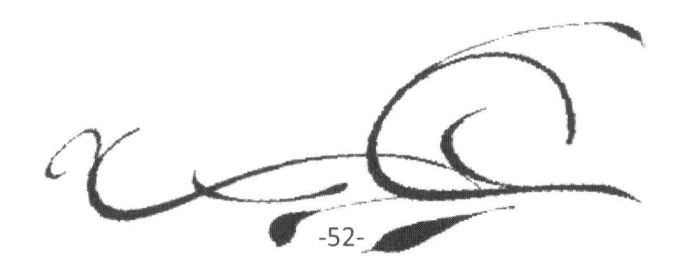

Tadeo

MEJOR BUSCA LAS PUERTAS DE ESE CIELO

Mejor busca las puertas de ese cielo
por tantas religiones prometido,
no sea que te veas sometido
a las fuerzas del mal y al desconsuelo.

Porque entre el bien y el mal existe un duelo
y debes elegir qué lobo gana;
si el del placer, la dicha o la desgana,
si el alma has de llenar de fuego o hielo.

Si sigues los consejos de los sabios
y te apartas del mal y de la inquina,
sentirás en tu ser la paz divina,

y hablarás paz y amor desde tus labios:
ejemplo podrás ser en tu camino,
y cambiarás seguro tu destino.

Marotsy

LAS PUERTAS HE BUSCADO YO DEL CIELO

Las puertas he buscado yo del Cielo
con los ojos repletos de infinito,
y no hallé más allá que grande un mito,
más grande que el farol de mi desvelo.

Me sentí como a quien tomando el pelo
lo tienen a la burla siempre adscrito
y estas ansias de amor, este apetito,
morir, lo vi morir como al abuelo.

Donde termina el mundo el Cielo empieza,
y puede que al tener el alma rota
y más de un pensamiento en la cabeza

que flota como un ave, y flota y flota,
de mi mal tenga Dios ya su certeza,
pues mucho a mí el demonio se me nota.

Tadeo

LUZ Y SOMBRAS TENEMOS

Luz y sombras tenemos dulce amigo,
en nosotros se esconden bien y mal,
pero hemos de vencer al animal,
y no otorgarle chance al enemigo.

Y piensa bien en esto que te digo,
que el alma es el tesoro más preciado,
que averno y cielo son solo un estado,
bondad, luz y paciencia son su abrigo.

Arte, ciencia y lectura son sus armas,
y con ellas se eleva tiernamente,
ira, orgullo y contienda sus alarmas,

pues con ellas se vuelve negligente,
se aparta de su meta prontamente
y se somete a diablos y a sus karmas.

Marotsy

LA PAZ ANGELICAL QUE MANDA EL CIELO

La paz angelical que manda el cielo
es dulce melodía que aún escucho,
y mucho ya ha pasado el tiempo, mucho,
y blancas son las barbas de mi anhelo.

Las nubes son allí de terciopelo,
me dice un viejo amigo que es muy ducho
en vida celestial, y lucho y lucho
por romper, celestial, el blanco velo.

También inmaculadas las paredes
de los templos alzados por los dioses,
y las almas flotantes forman redes

y mágicas y alegres son sus poses,
y nadie dice adiós, pues no hay adioses,
y amar sin sufrimientos allí puedes.

Tadeo

SOÑAR E IMAGINAR SON DOS PODERES

Soñar e imaginar son dos poderes
que el hombre puede usar a su albedrío
y corren por la mente como un río,
y te acompañan hasta que te mueres.

Después podrás vivir lo que quisieres
en otra dimensión u otro planeta,
y si logras llegar hasta tu meta,
tendrás allí la vida que eligieres.

Y quizás para algunos esto es cuento,
y muchos nos narraron siendo niños
para dormir con besos y cariños,

para quitarnos el aburrimiento,
y si en esa ilusión está el contento
sigámoslos contando haciendo guiños.

Marotsy

ENTONCES NO SON MÁS QUE PUROS CUENTOS

Entonces no son más que puros cuentos
los que del Más Allá me habrán contado,
no es cierto, no es verdad, me han engañado
con todos esos dulces argumentos.

Y yo que en la ciudad de mis lamentos,
allí por el dolor acorralado,
en los dioses pensé y en lo elevado
con los ojos cerrados, pero atentos.

Y escuchando el latir de los conventos,
de un lado la campana al otro lado,
cantándole canciones a los vientos,

a pesar de mi aspecto demacrado,
me sentí por los dioses abrazado
y uniendo de mi vida los fragmentos.

Tadeo

MALENTENDIDO

Me temo que me habrás malentendido,
y te invito de nuevo a releerme,
pues solo pretendía yo abstenerme
de juzgar al ateo o descreído.

Yo creo que otra vida hay tras la muerte,
no es cuento ni mentira lo que digo,
más bien es testimonio, y soy testigo
de hechos que podrían conmoverte.

Y sé que tú también crees lo mismo,
repito lo que dije anteriormente,
respeto yo al ateo y al creyente,

al dogma del cristiano o al budismo,
y yo amo por igual a toda gente:
a mi lo que me va es el Pacifismo.

Marotsy

CANTÁNDOLE AL AMOR ME ENCUENTRO PERO

Cantándole al amor me encuentro, pero,
aunque a todo lo bello yo me inclino,
bien sé que, mientras busco lo divino,
otros buscan las fuentes del dinero.

Y aunque sé de memoria lo que quiero,
pues siempre tuve claro mi destino,
al mundo veo buscar el vellocino
de oro, con ahínco y con esmero.

Quisiera yo conmigo ser sincero
y pido que escuchando mi alegato,
me digas si estoy ciego como Homero

y sordo y mudo y huérfano de olfato
por querer encontrar amor barato
que me quiera tener por compañero.

Tadeo

TÚ SOLO TE CONTESTAS

Tú solo te contestas, gran poeta,
pues falto de sentidos es quien busca
y entre amores baratos él rebusca
dejándose llevar por la brageta.

Pues quien juegue al amor en tal ruleta,
no hallará en ese juego amor certero,
y algo más valioso que el dinero
perderá si a sí mismo no respeta.

Mejor busquemos juntos lo divino,
la belleza sin par que nos reclama,
sabiendo que se encuentra en el que ama,

por encima de todo desatino.
Y así tendrás más claro tu destino:
no pierdas el Edén por una cama.

Marotsy

DIJO PROUST Y TAMBIÉN EL GRAN LEZAMA

Dijo Proust y también el gran Lezama
que no existe en verdad más paraíso
que aquél que se ha perdido de improviso,
lo mismo en la ruleta que en la cama.

Quijotes siento en mí porque me llama
la piel de Dulcinea, y la diviso
pidiendo ante los dioses compromiso,
diciendo que me espera y que me ama.

Y yo que al verla así me vuelvo llama,
sucumbo ante belleza tan extrema
¡Oh, Dios!, qué irresistible hizo a la dama,

poniendo al caballero en gran problema,
pues siente en sí un Infierno que lo quema
y un volcán que en el pecho se le inflama.

Tadeo

LO DIGA QUIEN LO DIGA

Lo diga quien lo diga, no discuto,
aunque en parte quizás no concordemos;
si en placeres mundanos nos perdemos,
nos quejaremos recogiendo el fruto.

Son los bellos momentos convividos,
sin duda, paraísos de la vida.
Cuando uno fue feliz nunca lo olvida;
nos hemos de sentir agradecidos.

Sé Quijote y combate a tus molinos,
y al gigante que el corazón te inflama,
que a Dulcinea tienes ya en tu cama,

y siembra amor eterno en tus caminos,
controla así la fuente de esa llama
de frívolos instintos masculinos.

Marotsy

ME HA DICHO UNA MUJER QUE ESOS DAÑINOS

Me ha dicho una mujer que esos dañinos
instintos son comunes a los seres
humanos, pues también en las mujeres
se nubla la razón en remolinos.

En esos laberínticos caminos,
donde el hombre se entrega a los placeres,
tu doble querrá darte lo que quieres,
uniendo en carne y sueño los destinos.

Y tú que tanto sabes y meditas
acerca de la esencia de las flores,
¿qué piensas de las dulces margaritas?,

¿cómo son en el lecho sus olores
cuando tocan la piel de los señores
en el tierno jardín en el que habitas?

Tadeo

DAÑINO NO DIRÍA YO AL DESEO

Dañino no diría yo al deseo
ni a la miel del amor que en ti resida,
pues ese sentimiento da la vida
y tú lo sabes bien, mi buen Tadeo.

Pero según el Buda es sufrimiento,
si escoges por placer o por apego;
mejor elige el gozo y el sosiego
que provienen del sabio cumplimiento

de las leyes de Dios que no son cuento.
Y sobre los jardines que interrogas
y sobre flores que te son ajenas,

respondo que de intimidad dialogas,
y de esa indagación más bien disiento.
Baste solo decirte que son buenas.

Marotsy

PUES DE ESTA INDAGACIÓN SAQUÉ BASTANTE

Pues de esta indagación saqué bastante,
con este mi talante culterano,
aunque tú ya cortaras por lo sano
con esa tu respuesta tan tajante.

Tranquila, que ya sé que, en adelante,
aquello que saber quiera el cubano,
deberá consultar a algún arcano,
temeroso de Dios y Dios mediante.

Por hoy quedo feliz y a mi escondite
me marcho, y en mi humilde madriguera
veré como la escarcha se derrite

al gélido interior de la nevera,
y si encuentro algo más que necesite
saber, te lo diré de otra manera.

Tadeo

CONCLUSIONES ERRÓNEAS

Cuidado que, al leer, mal no traduzcas;
son frecuentes las malas conclusiones,
y al no tener el texto entonaciones,
tus interpretaciones introduzcas.

Que "buena" puede ser una bondad,
y mis flores lo son sin duda alguna,
pero a la vez la palabra es más que una,
y también puede ser habilidad.

Te dejo con la duda amigo mío,
sonriendo dulcemente en mi jardín,
con "buena" yo he usado un comodín

por darme esa pregunta escalotrío;
pareciese tu duda culterana
un poco socarrona y muy freudiana.

Marotsy

COMO DIJO SABINA, DE LA DUDA

Como dijo Sabina de la duda,
en pelotas me dejas abrazado,
y en este lastimero y triste estado
no tengo a quién pedirle Dios y ayuda.

El verso en la garganta se me anuda,
no obstante, estas angustias de buen grado
las tomo como un fiel enamorado
de esa torpe verdad que se desnuda.

Así que, del jardín, con buen talante
me salgo como abeja que se agita,
después que, con su látigo punzante,

sin haber anunciado su visita,
robar quisiera el néctar inquietante
de alguna deliciosa margarita.

Tadeo

ABRAZADOS A DUDAS SIEMPRE ESTAMOS

Abrazados a dudas siempre estamos,
y preguntas constantes nos hacemos
de este mundo en que a diario nos movemos,
de quiénes somos y hacia dónde vamos.

Paradigmas enseñan o inventamos,
y por medio de Ciencia algo sabemos,
a través de la Fe ya algunos vemos
que siempre es mucho más lo que ignoramos.

Que no se anude en la garganta el verso,
que hablemos sin tapujos lo importante,
siguiendo a la verdad con buen talante

y en ese mismo tono contestemos,
y todas las teorías respetemos,
buscando la razón de este universo.

Marotsy

NUNCA ESTUVE DEL TODO CONVENCIDO

Nunca estuve del todo convencido
y pregunto con alma de estudiante,
si cabe el infinito en un instante,
si el hombre de los Cielos ha venido.

Si fue por el pecado cometido,
que el hombre, como un émulo de Dante,
se ha visto en el Infierno sofocante,
por sus bajas pasiones sometido.

Dispuesto a preguntarme tanta cosa,
he estado en tantos temas sumergido
impidiendo a mi mente estar ociosa,

que a veces voy en mí tan distraído,
que paso de un descuido a otro descuido,
como cambia de flor la mariposa.

Tadeo

SEGÚN LAS ESCRITURAS ASÍ HA SIDO

Según las Escrituras así ha sido,
de muchas religiones es creencia,
para otros es tan solo una demencia
y hasta hoy poco parece esclarecido.

De lo que yo he estudiado he concluido
que, si te guías solo por la Ciencia,
sin duda has de tener mucha paciencia,
pues es un tema muy controvertido.

Si buscas allá dentro de tu ser,
puede que encuentres lo que estás buscando,
y a lo que yo he llegado meditando,

y que quizás te cueste comprender:
que somos chispas de divinidad,
formándonos en la mortalidad.

Marotsy

CIENTÍFICO NO SOY, PERO LA CIENCIA

Científico no soy, pero la ciencia
la tengo en mi cabeza a gran altura,
y le tengo más fe que a la escritura,
que dice que es Divina la conciencia.

Me deja más tranquilo la experiencia
y yo, un Santo Tomás en miniatura,
necesito tocar en la abertura
de Cristo para darme a su presencia.

Si voy falto de fe o de inteligencia,
a Dios puedo jurar que la alimento
con la mente aferrada a la evidencia.

Y aunque van mis lecturas en aumento,
el estudio me deja con frecuencia
sin estar convencido al cien por ciento.

Tadeo

DIVINA ES LA CONCIENCIA QUE TE GUÍA

Divina es la conciencia que te guía;
la Fe no ha de ser ciega ni ignorante.
Yo con la Ciencia no tengo bastante
y la reúno con la Sabiduría

de muchos maestros que día a día
me invitan con su ejemplo a ser mejor,
y enseñan con paciencia y con amor
que somos mucho más que una energía.

Por ello yo medito con prudencia;
no le cierro la puerta a la evidencia
ni a todo lo que siento internamente.

¡No veas con el tacto solamente!,
no pongas a tu ser esos cerrojos;
lo esencial no se ve con nuestros ojos.

Marotsy

QUÉ BIEN, MI CORAZÓN, QUÉ BIEN SERÍA

Qué bien, mi corazón, qué bien sería,
si amantes por la vida, fe y conciencia
irían y la Iglesia con la Ciencia
buscaran entenderse cada día.

Pero suele pasar que por ser fría
la Física y el Cálculo, en potencia
a veces nos enseña una evidencia
que Dios nunca aceptó ni aceptaría.

Así que hay en el mundo esas criaturas,
que ven las matemáticas con celos,
y aquello que en las Santas Escrituras

no leen ni les cuentan sus abuelos,
rechazan, aunque nieguen Ciencias Puras
sus mitos agarrados por los pelos.

Tadeo

CIENCIA Y FE

Me gustan todas las asignaturas;
Saber y Conocer son mi pasión,
pero ello no me quita devoción
y escudriño las Santas Escrituras.

Con ellas he olvidado yo amarguras,
y respuestas he hallado muchas veces.
Sé que muchos las tildan de memeces
y algunas traducciones son diabluras

que el hombre no comprende, ciertamente.
Y aplaudiendo al científico creyente,
que como Francis Collins busca guía,

de ninguna vivencia me mofé.
Si de la mano fuesen Ciencia y Fe
seguro que otro gallo cantaría.

Marotsy

HABLAMOS DE LA CIENCIA EL MISMO IDIOMA

Hablamos de la ciencia el mismo idioma,
y aunque alguno percibe o imagina
algún choque entre nos en la doctrina,
lo cierto es que no es seria nuestra broma.

No a Cristo invocarás y yo a Mahoma
ni tú a Jerusalén y yo a la China,
ni piedra en tu zapato soy, ni espina
encuentro yo en la flor que en ti se asoma.

Y si tú a Francis Collins y el genoma
aceptas y no encuentras en él grietas
y ni un punto le quitas ni una coma,

y en nada sus palabras las objetas,
será que Dios bendice en ti su axioma,
lo mismo que la Ley de los Profetas.

Tadeo

RESPETO, SOBRE TODO

No tiene que haber choques si hay respeto,
que cada cual invoque a quien prefiera,
viviendo todo hombre a su manera,
tan solo al fanatismo pongo veto.

Grietas tenemos todos y fallamos,
y ni Collins ni nadie es infalible,
y afirman hoy que, de lo perceptible,
solo un cinco por ciento contemplamos.

Lo dice la Astrofísica que impera,
y yo fui la primera sorprendida;
la Ciencia reconoce su ignorancia

de la materia oscura y su sustancia.
Sigamos indagando de esta esfera,
que hay mucho que aprender en esta vida.

Marotsy

AL PRÓJIMO AMARÁS COMO A TI MISMO

Al prójimo amarás como a ti mismo,
y si a ti mismo amor no te has brindado.
no mires, por favor, para otro lado
y salte del averno, del abismo.

El amor es la puerta al optimismo
y el perdón que me das y que te he dado
es camino, el mayor, es el sagrado
camino que derroca al egoísmo.

Las obras con amor son obras santas,
las obras con amor son obras buenas,
pues crecen con amor hasta las plantas,

y no sólo las propias, las ajenas,
así que con la voz que a Dios le cantas
también espanto yo mis negras penas.

Tadeo

CREÍ QUE TE ADHERÍAS A LA CIENCIA

Creí que te adherías a la Ciencia
y de la Ciencia hablaba y la materia;
la oscura, que parece cosa seria,
y de la cual tenemos evidencia.

Y ocurre, con relativa frecuencia,
que opinando lo mismo se discrepe,
e incluso, que alguien se enoje y te increpe,
cegado en su razón y en su conciencia.

Y si es verdad que hay tanto que no vemos,
y tanto que aprender y que aclarar,
mejor que unificados razonemos,

y así como bien dices perdonar,
porque todos erramos diariamente,
y no dejar que nada desaliente.

Marotsy

LA CIENCIA ESTÁ MUY BIEN Y YO LA ACATO

La ciencia está muy bien y yo la acato
pero a Dios no le niego la existencia
pues Dios es corazón de toda ciencia
y en su esencia percibo su mandato.

La planta, el mineral, el pez, el gato,
el perro, el ser humano y su conciencia,
son obras de divina inteligencia,
el reflejo de Dios o su retrato.

Y creo decidida y firmemente
en algo espiritual que es infinito,
distinto de tu cuerpo y de tu mente.

Así que, aunque al científico le admito
del dogma de la fe lo que desmiente,
negar a Dios sería un gran delito.

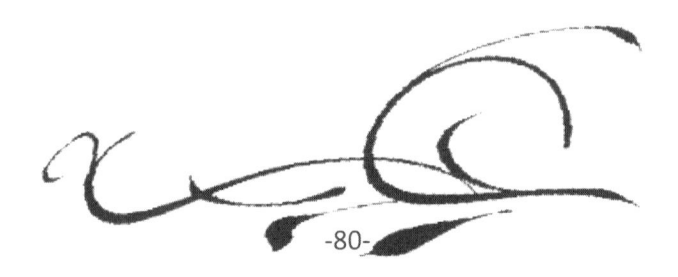

Tadeo

CIENTÍFICOS CREYENTES

Hoy a un punto en común hemos llegado,
aunque muchos disientan al leernos;
seguro que querrían respondernos
y ya imagino a alguno muy crispado.

Pues creen que no hay nada demostrado,
y llaman ignorante a quien afirme,
sin prueba fehaciente que confirme,
que pueda haber un ser tras lo creado.

Y creen que son mitos del pasado,
y no observan muy clara la inferencia,
ni creen que haya pruebas de la Ciencia,

a pesar de lo mucho divulgado,
y aunque existan científicos creyentes:
cincuenta premios nobel existentes.

Marotsy

SI DE FE ES LA CUESTIÓN O DE LA CIENCIA

Si de fe es la cuestión o de la ciencia,
permíteme decir, no sin agrado,
que el tema es harto oscuro y complicado,
así que hay que mirarlo con paciencia.

Bendita conjunción o coincidencia,
aquella a la que en Dios hemos llegado,
bendita conjunción de lo creado,
con carne, hueso, espíritu y conciencia.

Bendita conjunción, en Dios bendita,
la nuestra, pues tenerte aquí a mi lado,
es gracia que a los Cielos los imita,

y el verso vuela en pos de lo sagrado,
y siento que esta plática bonita,
los dioses la tendrán en alto grado.

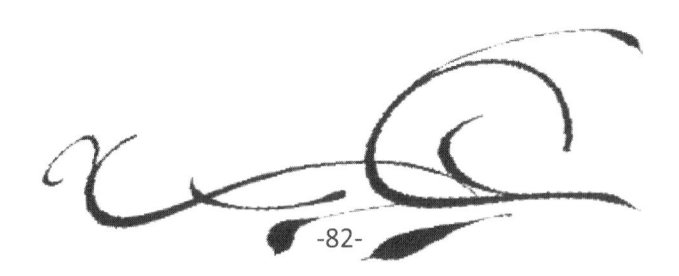

Tadeo

ESTA CONVERSACIÓN QUE HEMOS TENIDO

Esta conversación que hemos tenido,
espero sea grata a todo el mundo,
pues desde lo somero a lo profundo,
de muchos temas hemos departido.

Así que por mi parte he decidido,
le demos al lector un buen descanso,
deseando que hayan sido un buen remanso
los versos que nos hemos compartido.

Y creo que nos hemos divertido,
ilustrado, apoyado, enriquecido.
Y agradecida estoy al universo,

porque en este solaz me hallas inmerso,
por tu saber estar en cada verso,
porque nuestra hermandad ha florecido.

Marotsy

PUES NO SE DIGA MÁS, TODO ESTÁ IMPRESO

Pues no se diga más, todo está impreso
en esta discusión reveladora,
en donde yo, señor, y usted, señora,
servimos a su igual de contrapeso.

Ahora a disfrutar de un buen receso,
pues justo es terminar el reto ahora,
y luego si ejercicio es que se añora,
podremos retomar este proceso.

Ya lo dirá el lector, que de esto sabe
un mundo, al confesar, si poco o nada,
el reto está cumplido en lo que cabe.

Ya lo dirá el lector con su mirada,
pidiendo que lo nuestro nunca acabe,
o dando esta reunión por terminada.

Tadeo

FIN

EPÍLOGO

Después de leer los sonetos de este libro Frente a Frente, en los cuales destacan la imaginación y el buen oficio de ambos poetas, se me ocurrió el soneto que aquí suscribo:

RECADO CORDIAL A MAROTSY

Mirarse uno al espejo frente a frente,
no es igual que mirar a un contrincante,
es más fácil tener a otro delante,
que tener a tu propia sombra enfrente.

A cualquiera, quitando al del espejo,
podrás decir verdades y mentiras,
mas a tu propia sombra, esa que miras,
mentirle no podrás, yo te aconsejo

que jamás con tu sombra polemices,
pues sería tocarle las narices
a aquella que de ti no ignora nada.

¿Y quién ha visto a un gladiador que pudo
dominar, siendo diestro con la espada,
no siéndolo también con el escudo?

Manuel Díaz Martínez
Periodista y Poeta

JOSÉ TADEO TÁPANES ZERQUERA
Trinidad, Sancti Spíritus, Cuba, 1971

Licenciado en Historia por la Universidad de La Habana y por la UPV, España. Profesor de Filosofía e Historia en el IPA Enrique Villegas y en el IPUEC Renán Turiño, en Trinidad, Cuba. Primer Premio de Poesía en el IV, V y X Concurso Literario José María Portell, Barakaldo, Vizcaya, España en los años 2007, 2008 y 2013. Ha publicado el poemario *"Sobre la miel desnuda"*, Editorial Bubok, *"Mirar desde lo Cierto la Leyenda"*. Ed. Luminaria, Sancti Spíritus, Cuba, 2007, *"Panegíricos cruzados"* con Jorge Gabriel Vera, Ed. La Pereza (2022). *"Biografía novelada de José Martí"* Ed. Obrador (2022). Y tiene en proceso de edición los poemarios: *"Mil sonetos escogidos", "Los animales del corazón"* y *"La carne de los eterno"*. Poemas suyos aparecen en varias antologías como *"Un canto de mis ojos nace"*. 50 años de poesía trinitaria, Ed. Luminaria, Sancti Spíritus, Cuba, 2006, *"Trinidad, ciudad que me habita"*, Ed. Luminaria, Sancti Spíritus, Cuba, 2015, y en revistas literarias como El Caimán Barbudo y Cuba literaria. También en la Biblioteca del Soneto de la Enciclopedia Virtual Miguel de Cervantes. Es Premio de Ensayo en «Las Romerías de Mayo», Holguín, 2000, con su libro *"Mirar desde lo cierto la leyenda"*. Artículos suyos han aparecido en revistas como Cuba Posible, La Jiribilla y Cuba información. Formó parte del equipo de Historiadores que confeccionó la Enciclopedia Temática sobre Cuba, para la Universidad de Notre Dame, Indiana, USA. Reside en Bilbao, País Vasco, España.

J. MARGARITA OTERO SOLLOSO
El Ferrol, La Coruña,1964.

De Pseudónimo artístico "Marotsy". Reside en Las Palmas de Gran Canaria desde 1983. Diplomada en Enfermería por la ULPGC y en Paleografía española por la UNED. Certificado de Aptitud Pedagógica por la Universidad Alfonso X el Sabio. Polifacética. Realiza otras actividades artísticas como la fotografía, el dibujo, el diseño gráfico, la informática y el arte en general. Coautora en dos monografías de divulgación científica sobre Lactancia Materna (Ed. Elsevier Science y Universidad de Sevilla). Poemas y textos suyos han sido seleccionados en más de 30 antologías nacionales e internacionales y en varias revistas literarias. En solitario ha conformado cuatro libros, aún inéditos: *"Susurros de Erato", "Geofísica de los Anhelos", "Crisálida de Danaus" y "Tras el Horologium"*. Ganadora del II certamen de Poesía en red Versos para vivir de la Asociación de Escritores Canarios ACTE. Tres veces semifinalista en el Certamen nacional de Poesía viva de El Corte Inglés 2019, 2020 y 2022. Semifinalista nacional de Microrrelatos de Bibliotecas Públicas Municipales de Madrid, 2020. 3ª finalista del Certamen Luis Natera 2020. 2º y 3er. premio en los Certámenes de Hiperbreves de Cueva de Unicornios (2020 y 2021). 3º premio de declamación por Top Radio Internacional y Poemas del alma. Miembro y colaboradora activa de las asociaciones de escritores Palabra y Verso y ACTE.

Ha redactado y presentado reportajes culturales para televisiones locales de Gran Canaria y colaborado en programas y entrevistas de Este Canal TV, TAK TV y Bregando TV.

INDICE

PRÓLOGO	9
Frente a Frente	9
Voyeurs de un dueto	10
Al trasluz	11
FRENTE A FRENTE	13
VANO INTENTO DEL ALMA, VANO INTENTO	14
AUNQUE LATA UN VOLCÁN	15
HAS HABLADO LAS LENGUAS	16
QUE HABLA EL FUEGO	16
MUCHOS TIPOS DE LLAMAS	17
ES CIERTO, NO HE DE HALLAR EN LOS ARCANOS	18
UNA PALOMA	19
HALLARTE QUISE AYER, MAS HOY TE HE HALLADO	20
CHARLANDO CON LA MUERTE	21
LA MUERTE VINO RAUDA A TU DESEO	22
UN CHORRO DE AGUA PURA	23
QUE SEA TU DECIR, TU DECIR SEA	24
NO ES VANIDAD	24
SI TE HE JUZGADO MAL, PERDÓN TE PIDO	26
EL SOL BRILLA DE NUEVO	27
YO MIRO TU DOLOR, TU TRISTE ESTADO	28
LA LLAMA QUE ME QUEMA	28
SUFRIR NO HA SIDO NUNCA NECESARIO	30
YO NO ELIJO SUFRIR	31
UNA CRUZ Y OTRA CRUZ SON TU CALVARIO	32
A DIOS INVOCO	33

LA MUERTE NO ES VERDAD, DIJO UN POETA	34
NUESTROS HECHOS PERVIVEN	35
PASAR SIN DEJAR HUELLAS POR LA VIDA	36
BRILLEMOS	37
ALLÁ EN TU BENDECIDA GRAN CANARIA	38
ISLAS CANARIAS	39
BELLEZAS, SON BELLEZAS TODAS ELLAS	40
NO HAY DESTINO	41
MIL VECES ME SENTÍ UNA MARIONETA	42
NO EXISTEN IMPOSIBLES	43
YO NO QUIERO PEDIR, PUES ME DA MIEDO	44
TEMOR NO HAS DE TENER	45
DE LA MANO DE TETIS, DE ATENEA	46
NO HABLABA DE ESOS DIOSES	47
ME HAS HECHO TÚ ACORDARME DE LA CHINA	48
MUCHOS HÉROES VEMOS EN LA HISTORIA	49
YA SÉ QUE LA EXISTENCIA ES TRANSITORIA	50
LA MUERTE NO ES EL FIN	51
SEGURO ESTOY DEL CAMBIO, COMPAÑERA	52
MEJOR BUSCA LAS PUERTAS DE ESE CIELO	53
LAS PUERTAS HE BUSCADO YO DEL CIELO	54
LUZ Y SOMBRAS TENEMOS	55
LA PAZ ANGELICAL QUE MANDA EL CIELO	56
SOÑAR E IMAGINAR SON DOS PODERES	57
ENTONCES NO SON MÁS QUE PUROS CUENTOS	58
MALENTENDIDO	59
CANTÁNDOLE AL AMOR ME ENCUENTRO PERO	60
TÚ SOLO TE CONTESTAS	61
DIJO PROUST Y TAMBIÉN EL GRAN LEZAMA	62

LO DIGA QUIEN LO DIGA	63
ME HA DICHO UNA MUJER QUE ESOS DAÑINOS	64
DAÑINO NO DIRÍA YO AL DESEO	65
PUES DE ESTA INDAGACIÓN SAQUÉ BASTANTE	66
CONCLUSIONES ERRÓNEAS	67
COMO DIJO SABINA, DE LA DUDA	68
ABRAZADOS A DUDAS SIEMPRE ESTAMOS	69
NUNCA ESTUVE DEL TODO CONVENCIDO	70
SEGÚN LAS ESCRITURAS ASÍ HA SIDO	71
CIENTÍFICO NO SOY, PERO LA CIENCIA	72
DIVINA ES LA CONCIENCIA QUE TE GUÍA	73
QUÉ BIEN, MI CORAZÓN, QUÉ BIEN SERÍA	74
CIENCIA Y FE	75
HABLAMOS DE LA CIENCIA EL MISMO IDIOMA	76
RESPETO, SOBRE TODO	77
AL PRÓJIMO AMARÁS COMO A TI MISMO	78
CREÍ QUE TE ADHERÍAS A LA CIENCIA	79
LA CIENCIA ESTÁ MUY BIEN Y YO LA ACATO	80
CIENTÍFICOS CREYENTES	81
SI DE FE ES LA CUESTIÓN O DE LA CIENCIA	82
ESTA CONVERSACIÓN QUE HEMOS TENIDO	83
PUES NO SE DIGA MÁS, TODO ESTÁ IMPRESO	84
EPÍLOGO	
Recado cordial a Marotsy	85
Biografía de JOSÉ TADEO TÁPANES ZERQUERA	86
Biografía de J. MARGARITA OTERO SOLLOSO	87

Printed in Great Britain
by Amazon